澳门口述历史丛书

文化公所
Hall de Cultura

邻里杂货

澳门士多店主口述历史

林发钦

主编

GUANGXI NORMAL UNIVERSITY PRESS
广西师范大学出版社
·桂林·

邻里杂货
LINLI ZAHUO

著作权合同登记号桂图登字：20-2016-215 号

图书在版编目（CIP）数据

邻里杂货：澳门士多店主口述历史 / 林发钦主编. —
桂林：广西师范大学出版社，2020.6
　（澳门口述历史丛书）
　ISBN 978-7-5598-2800-2

　Ⅰ . ①邻… Ⅱ . ①林… Ⅲ . ①商店－经济史－澳门
Ⅳ . ①F729

　中国版本图书馆 CIP 数据核字（2020）第 067730 号

广西师范大学出版社出版发行

（广西桂林市五里店路 9 号　邮政编码：541004）
　网址：http://www.bbtpress.com
出版人：黄轩庄
全国新华书店经销
广西广大印务有限责任公司印刷
（桂林市临桂区秧塘工业园西城大道北侧广西师范大学出版社
集团有限公司创意产业园内　邮政编码：541199）
开本：787 mm ×1 010 mm　1/16
印张：8　　　　　字数：80 千字
2020 年 6 月第 1 版　　2020 年 6 月第 1 次印刷
定价：45.00 元

如发现印装质量问题，影响阅读，请与出版社发行部门联系调换。

前 言

现代口述历史源于美国，后为保存"公众记忆"的历史记录方式。那么，怎么理解口述历史呢？中华上下五千年，无论是远古先民传说，还是春秋战国智者先贤口头传授并编撰成书的《论语》之类，抑或近现代各种形式的社会调查、媒体访谈，乃至老一辈人给子孙讲述的家庭渊源或个人往事，等等，都可以理解为广义的口述历史。

近些年随着越来越多人的关注，口述历史已不仅仅局限于"记录"，而是越来越注重对访谈员的专业培训，以及研究领域的专业规范。正如英国学者保罗·汤普森（Paul Thompson）所谓"用人民自己的语言把历史交还给人民"，说的就是口述历史在史料征集及现代史学研究上的专业性、规范性及平民性的特点。

在澳门历史研究中，口述历史日渐受到重视。2008年，为加强澳门学术研究，打造特色研究平台，澳门口述历史协会应运而生。协会的宗旨是团结专家学者和青年学生，利用科学方法，推进口述历史资料的采集、编辑和研究工作，并通过对民间私家著述和公私文书资料的收集、整理，促进澳门历史研究的发展，提升澳门的文化形象。澳门口述历史协会成立至今，深入不同的社区，开展了多项口述历史访谈，从新桥、下环、福隆、十月初五街到凼仔、路环，访谈不同阶层的澳门老居民数百人，以"社区变迁"和"行业兴衰"两个视角，透过受访者口述"亲历、亲见、亲闻"的回忆，从不同方面反映澳门社会近百年的历史发展，并保存了大量视频、音频、图片和文字，为保存社区历史、弘扬社区文化做出了一定贡献。

随着系列工作的推进，2016 年，协会成为国际口述历史协会成员，还启动了"澳门口述历史访谈员培训计划"，壮大了澳门历史文化事业的团队。将口述访谈成果汇总出版，进一步扩大影响，是协会的当务之急。在将以往访谈成果汇总成"澳门口述历史丛书"（以下简称"丛书"）并已经出版了第一辑五本的基础上，现在继续推出第二辑的五本。这五本涉及博彩从业人员、报贩、士多店主、街头摊贩主以及旧区小店主等人物。以后还会陆续推出第三辑、第四辑。

从内容上来讲，本"丛书"涉及人物、家庭、行业、社区、风俗等专题，不仅补充了澳门现代史文字资料之不足，亦丰富了澳门历史。就早前对澳门历史研究情况的考察，澳门现代史最重要的史料实为口述史料，而非文字史料。现今在世的已过古稀之年的老澳门人，经历了抗战、新中国成立、澳门回归等重大历史事件，他们的集体回忆构成了一幕幕最真实、生动的澳门现代历史图像。

另一方面，"丛书"于内地出版，在提升澳门文化传播辐射力的同时，亦能深化两地的文化交流。纵观澳门出版物现状，内容呈现多元化，图书市场空间虽有明显发展，但还面临不少问题，具有澳门本土特色的书籍一直很难大量在内地传播。而此次"丛书"由内地出版社出版发行，是澳门口述历史出版物在出版地域、传播途径上的一项大突破。

随着访谈计划的持续开展，协会积累的访谈资料越来越多，澳门抗战老人的回忆、传统厨艺、校园回忆、风灾记忆，澳门的郑家大屋、红街市、福隆街区、望德堂，澳门的银行业、典当业，一个个鲜活生动的人、大量鲜为人知的旧时生活场景进入人们的视野，给人满满的新鲜感与感悟。

相信这些涉及澳门经济、历史、文化及社会生活等方方面面的鲜活的口述历史材料，以及文中所配珍贵的老照片，能很好地展现沧桑而又富有生命力的澳门风貌。

协会访谈团队已经在早年历练的基础上，进入访谈程序规范操作的阶段，从确定选题、访谈对象，协调员安排日程与预备工具，到访谈员现场访谈，协调员拍照、录音、录像，再到后期逐字逐句转录，形成规范的转录稿，从转录稿再到专题文章，理顺文字，增加大小标题，从而形成交付出版的初稿，都更加专业。图文并茂亦是丛书特色，除了选用现场图片，还会根据受访者提的生活经历以及相关事情，尽可能地补充一些相关图片资料。本书即有部分图片为澳门著名摄影家陈显耀先生拍摄的现场作品，特此致谢。

附录"口述历史资料"是团队开展项目时的一些基本记录，例如受访者姓名、年龄、基本情况，访谈地点等，希望能够对此项目的整体面貌有一个清晰把握。

时光飞逝，当年接受我们访谈的不少人，已经不可避免地年长了许多岁，更有人已经永远地离开了我们。而当年我们协会这个由大学生、高中生组成的年轻的访谈员团队，如今均已经走进了社会，在不同的专业领域都有很好的发展。他们中有文博机构的公务员，有教师，有社会工作者，还有博士生。他们当年在口述历史协会所进行的口述访谈项目，对于他们更多地接触社会、锻炼提高他们的工作能力，有着莫大的帮助。更有一批一批的新人，经过专业培训后，加入协会的团队，为我们增添了新鲜血液，让澳门口述访谈的事业之树常青。

谨将本套丛书献给可爱的澳门，以及生活在澳门这片土地上的人们。

目 录

打拼一片江山

黄锦江 口述

杨婉芬 整理

▼ 黄锦江，1931 年出生，黄平记粮食公司店主

二十世纪六十年代中期至八十年代，是澳门加工业的蓬勃发展时期。由于工厂逐渐增多，店铺也日益增多。工人们收工后都会到这种被称为士多（store）的小型百货店里买些生活必需品回家，或者买支汽水、啤酒，舒缓一下工作了一整天的劳累和压力。时至今天，这些充满回忆的士多数目已经由几百间缩减至几十间。

子承父业，偕兄打拼一片江山

我叫黄锦江，1931年出生于澳门，在澳门接受教育并在这里生活，文化程度相当于初一水平。结束学业后，我开始跟随兄长参与经营士多，至今已（经历）七十多个寒暑。

一开始我（和兄长）承接父亲所经营的士多，那间士多位于下环区蓬莱新街，以我父亲黄平之名命名，称为"黄平记"，销售的货物是生活杂货和粮食。

—
黄平记粮食公司

经营十多年后，我们转移到较大一点的店铺继续营运，地点位于下环街与江边新街交界的路口，在这个位置经营了二十一年，因应商品的销售品种，店名改为"黄平记粮食公司"。因为店铺地理位置靠近渔船停泊的地方，大量渔民成为长期顾客，且每次置办出海物资的数量都是十分可观的。那时候我们的小店无论是日用杂货还是粮食都非常受欢迎，生意亦越来越好，甚至忙得需要聘请两名员工帮忙减轻工作量，可算是店铺发展的黄金时期。

家庭式经营

我们的士多主要售卖生活杂货和粮食，货物全都展示于店内或门口。为了方便和吸引客人，热门的商品主要放在门口或一目了然的位置，以便客人购买。

—
黄锦江与其兄长黄锦汉

—
黄锦江在店内受访

再者，由于我们黄平记粮食公司是个体经营，没有任何外来资金注入，所以，所有的货物种类、销售方向和策略皆自行决定。由于有兄长和妻子的支持，多年来我经营店铺一直非常顺利，兄长有时候亦会出席一些应酬及工会活动，后来甚至当上粮食工会主席，而我则主力经营店铺。

我的店铺一天营业十二小时，营业时间由早上九点半至晚上九点半，节庆假日也不会特别休息。进货、摆架、定价、出货也是我自己一手包办。我会记住顾客们的喜好，热门的商品就多进一些货，顾客购买量多我也会提供送货的服务，有时候一天送货的时间就用去两三个小时。

　　所幸天道酬勤，我们这样的家庭式经营不单顺利，也为我们带来了稳定的生活（收入）。

行业兴衰，百家竞争

　　因当时澳门渔业兴盛，渔船云集，小区内人流源源不断，受惠的不单是我们黄平记粮食公司，连带附近街区的商铺也是非常热闹，蔬果店、杂货店、酒铺等也多了起来。进货通常是厂家上门询问推销；卖货除了客人上门光顾外，更有部分需要送货到户，忙得不行。

—
黄平记大厦

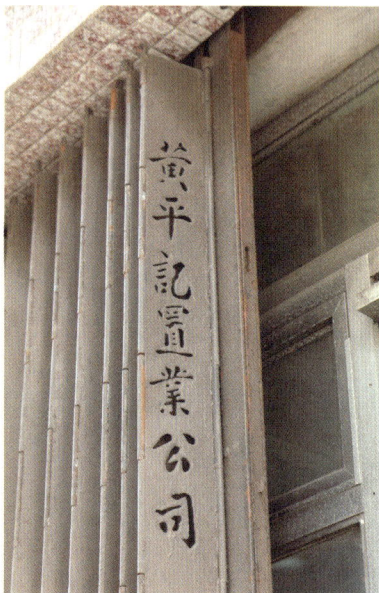

—
黄平记置业公司

　　好景终有落幕之时，当我们的店铺对着的海岸开始填海后，渔民带来的生意随着海域面积的缩小亦逐渐减少。随后，在经营店铺之外，我还与兄长一起经营建筑方面的生意，而第一栋兴建的（建筑）就是黄平记大厦。大厦落成于1971年，楼高五层，楼上为住宿，楼下为商铺，同时也是我们黄平记粮食公司的最新经营位置，（我们在此）经营至今。当时，我们还被称为黄平记置业公司。

　　不过，随着环境及政策的变更，建筑的生意也只持续了一段时间。我重新专注于士多的经营，甚至接到香港大型粮食品牌超力国际食品有限公司的米粉代理批发，为当时店铺的生意生色不少。超力米粉可算是店铺里的王牌商品，甚至连送货的货车上都贴着它的广告及标语，其他的商店及食肆，都需要通过我们才能买到。

　　然而，随着政策及时代的转变、商品品种的增多，小区内兴起了五步一楼、十步一阁的连锁式超市及二十四小时营业的便利商店，市场上的竞争越来越大。超市以其连锁式体系，不单集进口（即采购）商、批发商、零售商三者于一身，更以商品繁多、价格较低、薄利多销等零售方式占据市场。社会形态在转变，顾客需求也在变化，超市及二十四小时便利商店似乎对顾客更为便利，传统士多行业日渐式微，附近同类的商店也日益减少，而我们店铺的生意也不复当年，店内的货品种类也渐渐减少。现今，店铺内的主打商品转为饮料及酒水，我兄长也于去年（2016年）离去，店铺的生意只剩我与妻子共同操持。我们的顾客除了街坊外，也有少量的游客，不过，现在我已经不会再外出送货了。

—
黄锦江与访谈员在店内合影

店内旧物

无惧变迁，随心经营

如今传统士多行业已经吸引不到青年人的加入，甚至有不少的老士多已结业，余下的便是如我的店铺一样，一直是家庭式经营，现在也没有人继承。因为现今经营士多的利润已不复当年，工作时长也超出一般工作；再者，随着不同行业的兴起，年轻人有了更多的选择，就连我自己的子女也都有自己的事业需要经营，不会想继承我这家士多。

甚至子女也劝告我应该休息了，不需要再工作得那么辛苦。但我的根在这里，天花板上吊着的灯、收款机下的桌子、门外高挂的招牌、多年的店铺格局，一切都见证着我和妻子多年来在这里的生活，所以我会一直经营下去。即使事业一直起伏，澳门一直转变，我与这家店铺也仍会在这里。我会一直经营下去。

习惯了门口风景

张玉芬　口述

侯凯娜　整理

▼　张玉芬，人称"玉婆婆"，玉记士多店主

"在这里做久了，坐在这里很舒服的，如果不做了，（就只好）到别处的公园坐，（在哪儿）都没在这里那么舒服。我习惯了门口有一些风景，好像一个公园一样。"

人情味

我叫张玉芬，大家都习惯喊我"玉婆婆"。其实我想，不少人都会记得自己童年时流连士多的时光。我们的小店是独立经营的，专做街坊生意，麻雀虽小却五脏俱全。我这个店在澳门高园街，邻近镜湖医院住院部，在这山头上方。来这里的大部分都是老街坊，这些街坊邻里来买东西都是自便，知道什么东西放在哪里，也知道价格，自动放下钱，跟我都是有说有笑。一些小朋友长大以后，搬离了这里，仍不时回来探望我。

你们看这个仔（这时有个约三十岁的男人走进来，他有轻度智障），他一直跟我说："婆婆要赚多点钱！""婆婆不能少收钱，要收足够！""那些外佣很坏，来偷婆婆的货……"不停地讲，他很乖！

小朋友走过都会叫我，大人也会打声招呼。有些年轻人回来都会特地来看看我还在不在，跟我说："阿婆啊，我认识你几十年了。我现在只是回来看看你，不是来买东西的，看见你在就开心了。"这样很容易就过了一天，不然就没有那么容易过了。

我们这种小店，也可以讲是小型百货店。士多的特色是可随意、酌量购置，再以秤或天平衡量价钱。一般都在住家或学校附近，主要是做服务家庭主妇与小孩的"街坊生意"。我们跟街坊都有较深厚的感情，往往还可以赊账。

—
玉记士多店外观

—
张玉芬在店内

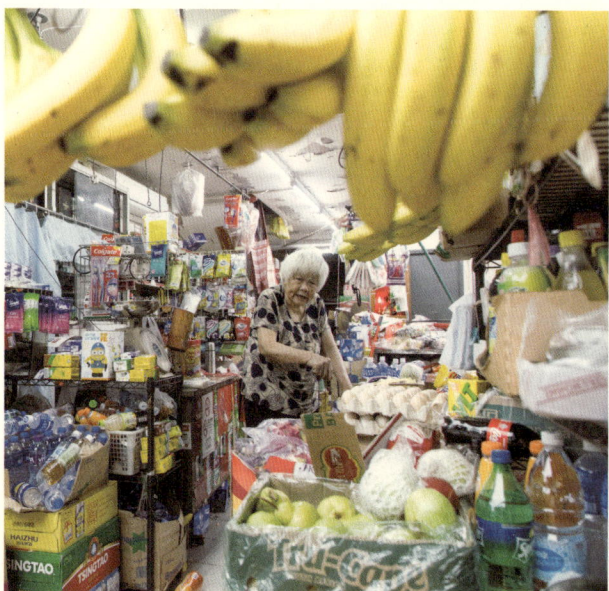

异乡人在澳门

我是 1979 年的时候来澳门的。我母亲和弟弟去了美国，而我来了澳门，是邓伯伯（邓小平）上台后来的。我母亲说女人去美国不太好，来澳门就留在澳门，她还寄给我生活费。

初到澳门，前路茫茫，我不知道在哪儿找工作，也不知道我这年龄（我那时四十九岁）可以做什么工作。那时我每天坐在白鸽巢，不知所措。结果有居民教我可以取些菜去卖。他们跟我说："你怎么天天在这里坐？很多人在十月初五街拿个箩卖菜。"但是在十月初五街，经常要"走鬼"（流动小贩为躲避抓罚，相互招呼逃离的暗语），不要说罚钱的问题了，就怕会发心脏病。真的怕了。那些查牌队长一下车就巴巴闭闭（霸道耍横）地说："不可以在这里卖。"

我不愿这样成天担惊受怕。后来我凭着自己的力气——我很够力的——推车卖菜。下面连条带子泊车用的，车子上面就放一块板子，最下面车底就可以放三箩菜，上面放两箩，推着五箩菜走。

后来，在美国的母亲、弟弟帮助我，他们每个月寄一百块美金给我。一百块美金只是刚刚够开支，其余的，能工作赚多少就赚多少吧。幸运的是，我成功向银行贷款，购得一间店铺。现时所见有两间店铺，另一间是后来又购买再扩充的。

一路走来，真的不容易，需要不停适应社会变化。这小小的士多也养活了我的家庭。我之所以能够安家置业，当然是靠自己的勤力。

—
张玉芬在店内受访

—
张玉芬与访谈员
在店内合影

历史见证

我这间"玉记士多"经营了二十八个年头了，在这个山头，前方是镜湖医院，右侧曾是旧监狱地点（过去曾称"市牢"），另一侧是大三巴牌坊，当年曾有四幢公务员宿舍。我这间店，见证了镜湖医院各大楼改建，见证了"市牢"被拆迁，也见证了四幢公务员宿舍被拆。人现在全都离开了，地用来停车了。后来"西洋鬼"（澳门市民过去的习惯口语，指外国人）狱警越来越少，这里变成游客的途经点。我是亲眼见证这里的发展变化的。

一生辛劳

我们士多是多劳多得，做多得多，工作时间长，没有什么上下班之说，但是也方便照顾家人和儿女。当别人已回家休息时，我们仍然在店里守候，因为需要方便别人。

其实我见过很多不同的人。那时候我没钱，就买个木架子，放一点点面来卖。有个"白粉佬"（粤语用词，指吸毒的人），他拿了些干鱼仔过来给我看，说便宜一点卖给我，我就把鱼干放在那个货架上。谁知道那人趁机偷东西，把我卖的那些烟偷了。我问我的女儿——她当时很小——是不是她把我的烟都卖光了，她说她没有卖过。唉，几条烟都被偷了，万宝路那些（很贵的烟）。

还有一次，有人进屋偷窃。我起床，见那个铁闸开了。我心想："惨了，怎么是开的呢？"我走到（货架）后面那行，发现有一件衣服，我已经有点害怕了，心想怎么会有人买东西遗留一件衣服在地上。我故意大声说："谁在这里？怎么会有件衣服在这里？这件衣服给我也没用。"但我又不敢开门去报警。

我有一个通天门，通天门没有锁起来。

我打算开门收拾一下东西，刚走到门口，他（指贼）大喊："进来收钱啦！"我觉得很奇怪，不见有人进来，收什么钱？明明没见人进来！我问他："你什么时候进来的？"他说："你傻的，快点来收钱！我要开工！别阻碍我开工！"他背一个背包，抱了一袋东西。偷了多少东西我就不清楚了，有一些烟，但零钱没偷，他没进柜台，可能怕镜头看到他。我想算啦！他没伤害我，算啦！没报警，报警也没用的。

其实经营一家士多很不容易：买手（入货）、打扫、销售、会计、执货"一脚踢"（全担任）。我都八十多岁了，我是睡饱才下来开店的。天天早上十点开店，晚上十一点多才关门。如果有亲戚来，我会休假，他们一来我就会陪他们去玩，一起回乡下，此外没什么其他日子休假了。

在这里做久了，坐在这里很舒服的，如果不做了，（就只好）到别处的公园坐，（在哪儿）都没在这里那么舒服。我习惯了门口有一些风景，好像一个公园一样。喜欢的话逛一下牌坊也行。所以我这间店要是租给了别人，我就不能从这个门口出入了。现在自己做就有个门口可以自由出入。

士多不仅仅是一个行业，也是一种情怀、一种回忆。

扎根小区，取财有道

陈福仁 口述
李宇逵 整理

▼ 陈福仁，1943 年出生，祖籍广东台山，沾记士多杂货店的负责人

"沾记扎根于此区已经有相当长的一段日子了，我们也一直坚持薄利多销、待客以诚及服务为本的营业方针，所以与那些老顾客、老街坊及乡里们的关系犹如朋友。"

我叫陈福仁，沾记士多杂货店的持牌人，祖籍广东台山县（今台山市），今年七十四岁了。我父亲是二十世纪六十年代从非洲莫桑比克回来澳门的华侨，由于他在非洲是从事士多杂货行业的，所以回到澳门亦继续从事士多这一行。家父名叫陈光义，又叫陈沾，于是便以"沾记杂货"命名这家在高士德大马路108号开张营业的铺子。当时是1965年，来光顾的街坊和乡里，甚至其他顾客都叫他"沾叔"。后来我于1973年从家乡广东省台山县来到澳门，开始协助家父经营沾记士多。当年主要是售卖粮油食品及火水（澳门方言，多指煤油）等，货物的种类并不多；后来因为租金不合适及其他的原因，于1974年搬到现在的地址，即义字街12号A，铺子是当年买下的。

—

沾记杂货老招牌

老铺见证小区变迁

在二十世纪七十年代，我们是第一间搬进这个小区的士多杂货店，选择这里是因为这里邻近街市，而且有很多小贩摊档。还记得当年这一地区都是一块一块麻石铺成的石子路，澳门当时还存在着很多这样的马路，而这个小区大部分都是一层两层的老房子。随着时间的推移，二十世纪七十年代末，内地改革开放，大量的内地居民移居到澳门，推动了社会的发展。这些老房子很快便被一些五六层高的唐楼取代了，那些在今天看来非常有特色的石子路慢慢地消失了。

因为人口的增加，生活必需品的需求量便会增加，而当时又未有如大型超市这样的竞争者，所以士多行业亦受惠于这一波的开放，这一时期可算是士多杂货业的高峰期。八十年代亦是我们沾记士多最赚钱的年代；与此同时，这个小区亦多了很多小贩在此摆卖。大概在二十世纪中后期二十一世纪初，因这几条街的小贩摊档与固定商铺之间没有规划（好界线），秩序比较乱，商铺与小贩常为各自的利益受损而发生争执；更由于购物的行人与车辆经常争路，时有危险发生——有见及此，政府开始整顿这一区，将其改成行人专区，并在店铺前的人行道上划出一部分给小贩摆档；为不损害商铺的权益，容许商铺在另一边的人行道上划出一部分来摆放并售卖货物，平衡了商贩的利益，亦照顾到了购物者的安全，所以大家可以见到沾记门前右边亦有摆卖货物的。现时每年交的税金以面积计算，要两万多元（澳门币，后文无特别说明的皆指澳门币），亦不算太贵。

从搬到这个小区起，我目睹过去四十多年的不断变化，真正见证了澳门的不断发展。

沾记士多外观

陈福仁

面对竞争，只能求变

大约九十年代开始，一些大型的超级市场相继进驻澳门，它们有舒适的购物环境、多品种的选择，且由于财雄势大，直接从生产商入货，价格有优势，货物的流转也快，人们的购物模式开始慢慢改变，澳门传统士多业的生存空间越来越小了。在大环境、大趋势之下，传统士多要生存的话，只有求变。还好沾记一直以来都有自己本身的优势，自置物业、家庭式经营，薪酬的弹性空间大，较为灵活。其实铺子售卖的货品一直以来都会因应顾客的需要、潮流的走向而不断地调整，好比早期以传统的粮油米酱醋等为主，现在则侧重于海味、干果、红酒等潮流食品；不过部分传统货品由开铺至今都仍然售卖，像一些酱料如南乳（即红腐乳）、面豉酱、酱油，还有面粉及造面包、蛋糕的泡打粉等，也是为了方便老顾客、老街坊及乡里们。

为了铺子的继续发展，我们家里人都是一条心的，儿女都愿意传承家庭的生意，已全职在铺子经营。像这些电子监控系统，就是他们提出安装的，而且还要不断完善。

一直以来我们的店都是以零售业为主，为增强店铺的竞争力，现时女儿专门负责批发的新业务。同时根据发展需要，店铺过去只是以家庭成员经营的模式运作，现在也必须做出改变，现已增聘了三位外劳（即外来劳务人员）协助拓展业务。

但沾记仍然是以薄利多销、特别强调诚信二字来继续服务街坊、乡里们，只要能适应时代的发展、顾客的需要，我认为士多杂货业是尚有可为的。

一

沾记士多店内

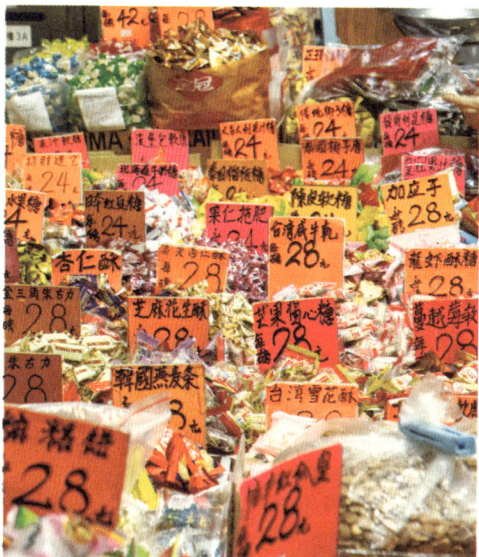

扎根小区，取财有道

　　说起来，沾记由于扎根于此区已经有相当长的一段日子了，而我们也一直坚持薄利多销、待客以诚及服务为本的营业方针，所以与那些老顾客、老街坊及乡里们的关系犹如朋友。想当年沾记搬铺，街坊、乡里们主动义务帮忙搬货，有货车司机还免费运货，我至今仍记忆犹新。同时一些老街坊、老顾客搬走了，且年纪大了，仍叫家里人用车载他们来购物，特别是逢年过节，像探望老朋友一样。而有些顾客我是看着他们成长的，起初是父母带着来，当他们长大了亦成为沾记的熟客，一代传一代，想起来都很开心的。其实这正是我们引以为傲的传统澳门居民的人情味。

岁月留痕，记忆犹新

我经营士多杂货已超过四十年，当中有很多经历是印象比较深刻的。上面提到的街坊及乡里们，当然是其中最开心的事情。另外好像开铺初期是相当艰苦的，那时候没有胶袋（即塑料袋）用的，要自己打纸袋（造纸袋）。一早要开铺，然后又要摆货又要送货，送完货又要收铺，然后晚上又要打纸袋给明天用，不像现在那么方便，都用胶袋。

还记得七八十年代，会有一些吸毒者（俗称"道友"的）来偷东西，特别是在停电的时候，趁你不注意便拿走你的货物，当时这种"道友"随街可见。在政府的政策及志愿团体的努力下，近十多二十年已经很少见了。

—

陈福仁夫妇与访谈员合影

至于停电，在当年对市民来说，是相当困扰的。随着社会的发展，输电系统不断完善，经常停电的日子对现代的澳门人已很难想象了。而沾记亦曾于八九十年代被爆格（破坏门或窗入屋行窃），被人用汽车的油压机（千斤顶）来顶开铁闸，入屋行窃，当时这是那些窃匪惯用的手法。可能现在的防盗设备进步了，已经再没有听到过这种入屋行窃的手法了。

回首往昔，展望将来

沾记士多杂货在五十多年的岁月里，经历过士多行业的起落高低，见证了社区翻天覆地的变化。虽然一些大型超市陆续加入澳门的零售市场，令传统士多业的生存空间越来越小，但我始终保持一贯的薄利多销、待客以诚、灵活多变的经营策略，跟随社会的发展步伐不断求变；而且现在我的儿女亦愿意继续经营店铺，所以对于前景仍然是乐观的。同时我在自己四十多年的士多经营生涯中，感受最深的是澳门人依然保持着的那份真挚难得的人情味。传统的士多店铺承载着几代人的情感回忆，近几年看到很多同业歇业，都感觉很无奈，希望政府多一些政策上的支持，如向游客多宣传旧区老铺（因现存的士多大多在旧区）；希望现时仅存的同业们继续努力，以免我们的下一代只能在书本上认识澳门传统士多行业了。

一

约1983年新春摄于沾记杂货店门前（左一为陈福仁，左二为他的儿子，右一为沾记创店者、陈福仁的父亲陈沾）

永不褪色的印记

陈桂珍 口述
黎志伟 整理

▼ 陈桂珍，1945 年出生，富美乐士多店主

澳门从二十世纪开始在不同角落便有很多士多，形成一道道风景线。近十年它们似乎逐渐凋零，剩下的就好像中国人说的俗语，"家有一老，如有一宝"。士多见证着澳门的某段历史，并且与时代巨轮一同留下不可磨灭的印记。

时代改变，适者生存

位于美副将大马路 4C 号富美大厦地下，即与观音堂只数步之距的富美乐
士多就是我的老店。门前架着帐篷，这样似与很多同业的外观有些许不同。

我是张太，人称"肥姨"，在二十世纪七八十年代从事制衣业。后来该行
业逐渐式微，为了生计，我在八十年代初便开办了富美乐，可以说是成功转型。
我一直很勤奋，基本上以一人之力打理生意，现在已退休的先生也适时协助。

那个年代，富美乐的货品琳琅满目，柴米油盐、罐头、饮品等应有尽有，
街坊是主要客户，每日营业额一千多元，是最风光的岁月。随着时代变迁，美
副将大马路一带就如澳门的其他角落一样，出现了便利店及超市，士多的生意
便受到影响。很多客人会跑到那些店铺购买更多可选择的物品，因此我也不再
售卖容易过期的货品，例如罐头，但是一直坚持卖饮料，以及尽量使商品多元
化，也售卖一些用于祭拜先人的物品。

同时，富美乐的客户群也开始发生改变。有不少居民从事博彩业，他们公
司的穿梭巴士每天早上六点半至七点会在附近接载员工，那些上班族会（来店
里）买些饮品之类的才上车。我为着做他们的生意，每天六点便开门，一直至
下午五点，再由先生接班至约七点才休息。

总的来说，营业时间长是我家士多的一个优势。除赌场员工外，学生及在
周边从事"三行"（对装修工程中三个必备工作部分的统称，即泥水、木工、

油漆）的工人也是我的客户群。

然而富美乐今天的营业额每天只有两三百元，不可与往日相提并论了。幸好店铺是亲戚所有，几年前定下的月租数千元，至今并未增加。所以我的生计尚可勉强维持。

商品多元化是我的另一个优势。我在若干年前接受一些朋友的建议，开始售卖用于祭拜先人的物品，就是现在顾客踏入士多第一眼便看见的那些。士多地点邻近观音堂，使这门生意大有可为。很多善众来自香港、内地；在澳门赌

富美乐门口摆放的祭祀用品

—
美副将马路 17 号

厅工作的很多人也是顾客。我也就为了方便客人到观音堂祭拜，提供代叠金银等服务；一般要预订，若数量多，需更早通知，毕竟现代人是讲求效率的。

　　从祭品的变化中也可以看到时代的演变。好比香烛，在我的记忆中，从前的香烛上是无字的，现今的都有字，甚至有的还刻有龙的图案。有些年长的香港客户会指定要旧式的，年轻些的则没有这个坚持。大香烛及风车也不是我的固定物品，因为市场不大，而且风车难以保存，我只会在大时大节时，在客人要求下才去订购。

—
陈桂珍与访谈员在店内合影

　　这方面（指祭拜用品）的生意近年已面对不少挑战，主要是本地及内地政府对环保的要求。政府规定观音开库时禁止烧衣，但很多香港及内地客户误会是长期不准销售。另外，赌厅的善信也比以往大幅减少。同时，内地基于香烛等物的生产设备对环境有污染，已颁布不少罚则，令很多厂商无法经营，现在的生产商要在更偏远的地方运作；而且澳门的祭品批发商不再拥有货仓，使我由下单至收货的时间愈来愈长。

　　可以看到，经济结构的变化，如赌厅客户减少，以及有关方面在环保上的更高要求，使我如今捉襟见肘的生意再添压力。

流金岁月，难以忘怀

　　曾经的澳门并不是车水马龙，富美乐士多门前的美副将大马路相当清静，周围的高层建筑物寥寥可数。士多见证了对面楼宇易手两次后现成为私人拥有的有待发展地段，斜对面地段也由兵营转为考车中心（即驾校），后再变身成现在的政府楼宇。往日，在10月1日国庆节，我可坐在门前的小凳上欣赏烟花，而邻近的街坊也会在空旷的地方架起银幕，免费让大家观赏电影。农历新年初二时，还有机构举办舞龙活动，巨龙会在观音堂一带游走，气氛不知有多热闹。

　　早十多年前的观音诞，也有舞龙舞狮表演，人们还会拿着观音（像）在观音堂"坐"（指供奉）了，之后把她带到下环街让众人参拜。我小时候的观音诞，更令人热血沸腾，整条马路布满摊档，售卖各样东西，例如花、纸扎公鸡、皮鼓等。

　　纯朴的人性及人情味是令人难以忘怀的！几十年前，我睡觉不用闭户，街坊们十分互助互爱。若我买菜时忘记买什么，便可托街坊代劳；大家还会分享自己煲的汤水。我们闲来也会坐在士多门前的小凳上谈天说地，在天气适当时，还会去新桥买蟹、东风螺等回来一起品尝，并打麻雀（麻将）玩乐。每个星期日，街坊会有茶叙或组织开会，会所中有饮料、小吃、生果（即水果）等，会员又可一起玩乒乓球，这样令大家的关系更紧密。

　　现在的邻里关系与当年可谓有天渊之别。

—

富美乐士多店内

现在那些旧街坊已先后迁离该区或已仙游了，就像我丈夫的自由行旅伴，由两车人至现在仅有几人了。留下的是那些甜美的回忆，如古典音乐一段美绝的慢乐章。

走过几个十年

我一直以不屈不挠的精神，从八十年代初开始经营富美乐士多直到现在，走过了几个十年。士多内，架于高处的中国内地白酒也一同见证了往昔的一切。

我为着日后儿子可能在原地从事另一行业，暂不考虑把店翻新。我会抱着乐观的心态继续运作士多，继续笑看时代的改变。

家族事业的传承

张子英 口述

江鹏杰 整理

▼ 张子英，1947 年出生，祖籍广东新会，英昌
行士多店主

"这家士多的名字叫英昌行，是将我爷爷、我父
亲和我的名字各取了一个字取的，英就是我，昌
就是我爷爷，行就是我爸。"

从家族中接手

我叫张子英，广东新会人，在澳门出生，1949 年回到内地领了田，直到 1977 年才再回来澳门。我也是从 1977 年开始经营这家士多的。

这家士多的名字叫英昌行，是将我爷爷、我父亲和我的名字各取了一个字取的，英就是我，昌就是我爷爷，行就是我爸。

这家店已经有七十年历史了，起初是开在蓬莱新巷那边的，后来因为那边被何鸿燊[1]收购，所以在 1958 年，就从金碧赌场搬去 27 号（即英昌行现址白眼塘横街 34 号，旧街名已不可查）。那时候的老板是我父亲，一开始是我父亲和别人拍档一起做的，后来那个人放弃了，我父亲就一个人顶下来做。搬到这里之后，就没再搬到其他地方了。

我父亲一直是做"办馆"的，就是给那些葡萄牙人搞吃的，酒、牛肉全部都交给他。所以他做开这一行之后，就接着做这一行。我接手也是子承父业，从接手那天，我就一心一意做这一行。我父亲交下来给我，我一定要遵从这个祖训，做好这家店。现在做了那么久，真的不舍得关闭。如果舍得的话，今年（2017年）"天鸽"台风这么可怕，我也可以不做了。所以一定要做下去，不会放弃，就是做到七十多岁还是要做，保持我父亲的招牌在这里。

1　何鸿燊，著名港澳企业家，有"澳门赌王"之称。

—
张子英与访谈员在店外合影

—
张子英准备去送货

现在是我、我老婆、我儿媳妇三个人一起经营，几乎全天候参与士多经营，除了经营士多，还要照顾自己的孙子，也没有打算到外面去工作。

日常营运

在这边做士多，每年都是差不多，生意比较稳定，没有高峰期低潮期之分。酒能经过时间的考验，越久越值钱。

无论回归前后，我们都是做游客生意。回归前是做港客生意，回归后是做内地客生意，全部都是做熟客生意。回归后生意比较好，内地游客比香港游客出手阔绰，个个都很有钱，都会常来买些美酒。

那时候游客来买东西是不用讲价的。他们也对我说，叫我多存点烟在店里，烟好卖。我就说，烟是不能存的，存的时间久了会发霉，就不能卖了。洋酒就能保存。我们中国烟，卖两百二一包，一条两千块，那时候那些人一买就十来条。我常常踩单车拿货回来给他们。

至于入货问题，其实是有销售员过来的，我们会向他们进一些行货，确保客源。顾客喝了这些酒，符合他们的口味，确定不是假的，以后就会再来光顾，之后就成熟客了。总之这店里需要什么酒，那些销售员就会拿什么酒给你。就好像这次你要轩尼诗，就会拿一瓶轩尼诗过来，要蓝带就找蓝带的公司，要人头马就找人头马一间公司。轩尼诗、蓝带、人头马三种酒最多人买。我们中国同胞最喜欢的就是轩尼诗还有名士。我们卖一支或者一公升赚二十到三十元这样吧。也不敢赚多，赚多了怕客人不再来光顾你。

我们这里最有价值的酒是路易十三。假如是全澳门只有一支的金装路易十三，要六十八万八。

我们店还试过卖水果，但是在2008年"黑格比"台风来时被水浸后就没卖了，现在只卖烟酒、饮品、小食。我们这店的特色商品是酒，别人是卖杂货多，我就卖原装洋酒。现在拿货，那些酒一定要三日找数（清还货款），士多杂货就可以一个月找数。

在租金方面，这里整条街的商店都是租的，两年加一次租金，每一年加百分之十，两年就加百分之二十，一百就变成一百二。年年都这样加上，现在也只是几千块租金。如果重新租过就不止这个价钱了。

—
店内的路易十三

—
店内的各种酒

　　营业时间通常是上午十一点钟来开铺，到晚上十一点钟收铺，有时候也会（下午）两点钟开铺，做到（凌晨）两点钟。休息日是随自己需要，反正也没地方去。休就休半日，或者休白天，晚上再开店。

单独的经营和冲击

　　我们和其他士多并没有什么联系，也没有加入工会，都是自己家族经营的。所谓"同行如敌国"，当然没有这种分享啦，无论什么时候都是这样，每一行都是这样啦。也不会考虑和其他士多联合起来。但这里的邻里关系还是不错的，街坊偶尔也会来买一瓶酒，我也会便宜点卖给他们。

　　现在开的小型超市和"7-11"之类的便利店，对我们士多的食品类销售就有影响，但对酒没影响。那些超级市场，规模大，他们的货物不是说留就能留的，我们这些可以留在这里，晚点卖也可以。他们的规模不同于我们的嘛，我们的货比较少，可以留在这里暂时不卖，他们那些呢，需要钱来周转，所以不能够留货太久。食物呢，他们那边就便宜一些，为什么呢？因为他们拿货一下子拿一百多箱，我们才拿一两箱、三箱这样，我们当然会比他们贵啦。所以有人说，我们这里比超市贵，当然啦，不然就亏本啦。

一
店内一角

对旧文化情怀的看法

这条街变化其实不大，无论回归前后都是澳门政府保护区域。而且这家店是在 1974 年火灾后重建的，一直未曾改变，原来是这么大现在还是这么大。

现在流行旧区情怀，旧区有好多人喜欢，其实就是旧区消费不会太贵，而那些新地方的消费就比较贵，好少有真的怀旧的。人家喜欢逛旧街不喜欢逛新街，有些游客，特别是香港人，现在来到澳门怀旧，来到这里，说对这里好熟的，都是来这几条街。他们来到这里买东西很少，只是过来逛一下，说是怀旧，香港顾客就是这样。

——

店内的旧风扇

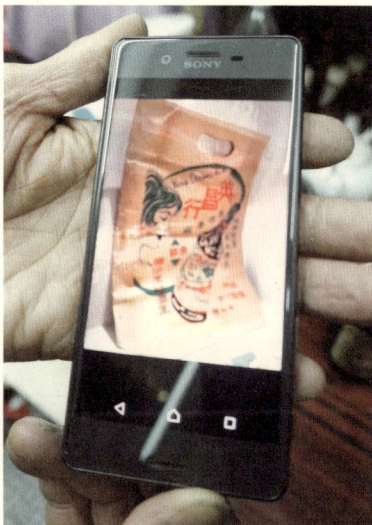

—
客户朋友圈里的纸袋
照片，仍然保存完好

　　说起怀旧，我可以分享一些照片给你看，是别人朋友圈里的，他保存了六七十年的袋子，那时候我们店里给客户装酒的纸袋。那时候每家店都是用纸袋，没人用胶袋，现在才常用胶袋嘛，但胶袋容易塞坑渠。这个纸袋的制作也不便宜，如果在1977年做一个，每个袋子也要几毫。但也不是现成的，都是在澳门街做的，先把纸袋粘好，然后烘干，最后才能出门给客户的。而且那个客人的袋子是一九五几年的，能保存到现在，还这么新，我都感到十分惊讶了！

结语

　　编者：虽然现在澳门士多行业普遍受到冲击而一间间结业，但从访谈中可以看出，张老先生的主意很坚定。他认为自己店铺以卖酒为特色，在这方面比大超市有优势，最重要的是不想辜负家族事业，所以就算处在现在士多结业的浪潮中，他仍然希望继续把这间士多开下去，以传承自己的家族事业。

与靓猫一起守护士多

林仲芬　口述

吴璟昌　整理

▼ 林仲芬，1948 年出生，美昌隆士多店主

"十八岁的时候，我就开始在这间店铺帮手，一直到如今都从事这一行业。我有两个儿子。虽然儿子都不支持我现在继续做这一行，因为（他们）觉得太辛苦，但我个人却不觉得辛苦，对从事士多这一行业还很喜欢并充满兴趣。"

十八岁开始在店铺帮手

我叫林仲芬，1948年出生。我爷爷最早由广东新会来到澳门，父亲和我都在澳门出生，家里有五个兄弟姐妹，我排行老大。我小时候不喜欢读书，也没什么心思学习，只读到小学就停止学业了。

林仲芬在店外

—
林仲芬在店内受访

　　十八岁的时候，我就开始在这间店铺帮手，一直到如今都从事这一行业。我有两个儿子。虽然儿子都不支持我现在继续做这一行，因为（他们）觉得太辛苦，但我个人却不觉得辛苦，对从事士多这一行业还很喜欢并充满兴趣。

没什么人敢欺负我

　　我的性格有点古怪，很凶的，没什么人敢欺负我，从小我就不怕黑也不怕人。见到一些人做得不对，会直接走出去责骂他们，不过现在我已经收敛一些了。我也觉得现在的社会已经缺乏人情味了，不像以前的人，经过你这里会和你打招呼，回头还会跟你聊会儿天，以前是很有人情味的。

经营这间士多，我一年到头都没有假期，因为自己本身就不喜欢放假，也不喜欢逛街或外出吃饭，除非是开年（即过年）或家人生日才可能会有聚餐。几十年来一直从事这个行业，我也并不怕沉闷。我的活动范围都在澳门，没有出去过，不参加旅行，内地我也不去的。

店铺至少已有七十多年

我所负责的这间店铺至少在 1945 年就存在了，最初是由我爷爷开始经营的，其后历经阿嬷（奶奶）、爸妈，再到我完全负责。现在除了我之外，还有弟弟在进货时帮忙做一些搬运工作。在阿嬷经营时期，我已经开始在这里帮手了。

自开业起，店铺的位置就在这里，从未搬迁过。目前这间店铺是以一个相对低廉的价格租来的，其业权属于一家娱乐公司。至于店铺的名称，自开业起就采用爷爷的命名"美昌隆"，但"士多"这一称呼，则是在五十多年前才开始使用并延续至今的。

店铺布局及客户群体

店铺布局方面，目前有上下两层，上层是我妈妈的住所，我自己住在附近。下层近街道的前面就是士多的主体，后面的空间主要用于吃饭。货仓位于后街的一间旧屋，还有部分轻便的货物也会摆放在后面的空间或店铺上层。

　　现在士多一般在每日下午三四点开铺，持续到第二天凌晨两点多三点，几乎每天都开铺的，即使是逢年过节时期，也是吃完团聚餐就回来开铺的。店铺二十世纪六七十年代曾经售卖过瓜菜、水果等，现在销售的商品则以零食、饮品、烟酒等为主。由于都是直接引进成品货，并非自己出品，所以商品并不具有什么自身特色。至于商品的摆放位置，一些零食的摆放是我妈妈负责的，我主要负责饮料的摆放。

　　目前的客户群体主要以外劳居多，包括不少菲律宾、越南的工人。有时候也会有来自内地的游客光顾，澳门本地的学生和街坊也有一些，但相对较少。

一
店内一角

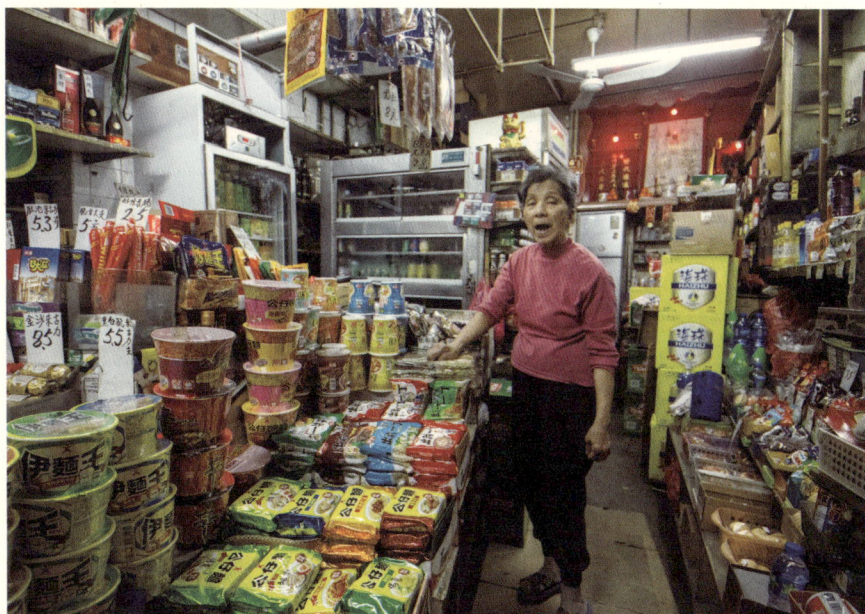

古老旧楼

在和其他士多的区别方面，我觉得并不算是有什么大分别。当然，如果人家所在的是新楼，无论在东西的摆放上，还是在内部空间的间隔方面，条件都会好一些，这样情况就会跟我们不同，像我们这些古老的旧楼，没什么可以调整的空间了。

在与下环区其他士多的联系上，我和这些同行之间也互相不认识。大家都各自做各自的生意，还有一些士多只开了十几二十几年，相互之间都没什么沟通的。至于士多同行之间的团体组织，以前曾经有部分人加入澳门市贩互助会，尤其是一些街边小摊档之类的档主。以前相对流行，我阿嬷过去就曾加入过这个团体，但我爸妈还有我本人都没有加入，因为我们都不感兴趣。

工厂不再

过去店铺的对面曾经开办有许多不同类型的工厂，比如有和合制衣厂、维新胸围厂、伟兴帽厂，还有制作纽扣的工厂等。当时这些工厂都有大量的工人，伴随而来的是店铺在那个时期相对好一些的生意。而当时对面一排都是码头，店铺所靠近的码头都是渔民使用，来往港澳的轮船所停靠的码头则位于再向北边的十六号码头一带。

到了如今，情况都有变化，店铺所在的小区在不断建设发展，比如一些地方都盖了新楼，店铺门前建了一座天桥等，而对面的那些工厂则因为在澳门不再有市场发展前景，以及内地人力资源相对低廉等因素，都消失殆尽了。

一

来来超级市场

士多的衰落

　　伴随着工厂的搬迁，以及所在街区的现代化发展，尤其是超级市场的兴起，士多所受的影响是很大的。在下环区附近，就有来来、新苗等七间超级市场，而它们所销售的商品品种丰富，种类也齐全，这些都让士多的竞争力有所下降。尤其是近几年开的新花城超市，由于它的营业时间是二十四小时制，对我这间士多的冲击特别大。另外，过去店铺曾经售卖的水果、瓜菜等都已经需要聚集在水果档或街市里，我们士多早已不再经营这类商品了。

　　若要说士多相比这些超级市场有何便利之处，我觉得有一点就是在士多购买商品付款时相对快速便捷，不必像超市那样需要根据次序排队，逐件商品过机结账。我这间士多因为都是自己开的，出入账目也没有做过太精确的统计，数目有些高低起伏也都比较无所谓的，而且我也不需要供养下一代年轻人，能赚多少就算多少了，相对随意一些。

士多的未来与传承

　　对于这一行业的未来，我认为士多在越来越多超级市场兴起的时代背景下，会逐渐丧失发展空间，最终走向消失。就自己所经营的美昌隆士多而言，只要业主收回所有权又不再续租给我的话，这间士多就立即停止营业了。

———

林仲芬和她的靓猫

而我的两个儿子现在虽然都在澳门打工，但也都不会继承这一行业，他们甚至希望我不再开档，多休息。但若不开档的话，我还能去哪里呢？

因为需要预防老鼠，店铺几十年来都有养猫。现在店铺里也有一只猫，已经养了十四年，这只听话又上镜的靓猫常年与我相伴，与我一起经营和守护着这间士多。

『士多师奶』

梁月珍　口述

王君芙　整理

▼ 梁月珍，在广东三水出生及长大，1981年来到澳门，菜园士多店主

"其实在菜园经营士多的那几年，经济上没有很大的得益，只是保证了我有一份工作，同时又可以在家照顾小孩，而且方便了街坊。"

"士多师奶"

我叫梁月珍，在广东三水出生及长大，1981 年来到澳门。我丈夫姓徐，朋友都称呼我徐太，我还有一个外号叫"士多师奶"。

我在乡下的农业中学毕业，就是上午上学，下午落田（即下田劳作），算不上什么学习，反而是学会了怎样种田。

1979 年我丈夫和大女儿申请来澳门居住，后来再申请我和其他三个小孩来。直至 1981 年我们的申请获批以后，我才和四个小孩还有我丈夫在澳门定居，一家六口住在我舅母的猪场里，就是顺利楼楼下那片菜地。我在菜地里种菜，也有发豆芽，下午便到街边摆卖，就是做无牌小贩。我丈夫是卖牛肉的。直至 1983 年年底，我们从我舅母家搬到菜园里自置的木屋。木屋买得有点贵，当时一个一房一厅的单位（即一套房）才卖五万元，我用四万二千元买了这一间木屋。因为屋后还有一块菜地，而且位置很好，走过这间屋的门口便有一条路可以通往菜园，如果发生突发事件，例如要走火警（即发生火灾）时很容易可以出去。买这个房子的时候我都有考虑到这些细节。

开始时打算一边种菜，一边在家带孩子，但是当时住在隔壁的一个同乡，他原来就在菜园经营士多，我们两间屋贴在一起，也算得上是同一间屋，因为中间只隔了一个板障，他住一边我们住另一边。我搬进来时他刚好把木屋卖了，在搬走之前介绍我经营士多，还带我去摆货，教我怎样去经营。他知道我有四个小朋友，当时开士多可以多一些时间在家里，如果我到工厂打工，便照顾不了小朋友。所以我就开始经营士多了。

菜园士多

当时菜园只有几十户人家，都是一些新移居及有两三个小孩的家庭，是生活还比较艰苦的一群，我的士多只卖一些便民商品，例如香烟、白米、九江（指九江双蒸酒）、汽水、啤酒、糖果等，利润不高，都是一些平价货；最贵重的货品应该是"万宝路"香烟吧，要五元一包，其他品牌的也就是三元而已。

以前菜园那个同乡教我每样货品要赚一两角钱，但是有些货物可能会完全没赚钱，进货只是为了增加士多货品的种类，方便街坊。当时的货源很简单，汽水我会到旧可乐厂（现在黑沙环百佳的位置）入货，白米、九江和一些生活杂货就在旧马场的一家杂货店买，香烟、毛巾、纸巾这一些在新苗超市买。除了白米会送货外，啤酒、汽水、九江这些都是我自己用四轮大板车推回来的。

"钢条"的绰号

由于士多的利润不高，我丈夫一直都有在外面打工帮补家计。虽然大家都叫他老板，士多的店名也是用他的名字取的，但他在士多帮忙的时间很少。有时他下班回家，会和我一起到马场运货，就是推着木板车把货运回士多。但是大多数时间还是我自己一个人推车，有时还要背上我的小儿子或小女儿推。当时的马路没有现在的好，路面很崎岖，从马场来回大概要半个小时的脚程，推着十数箱啤酒、汽水，真的很吃力。当时我的士多附近还有一个七十多岁的婆婆，也经营士多，她给了我一个"钢条"的绰号。

士多的利润很微薄，感谢当时的一些批发商，跟他们入货我不用马上付款，一般是下次送货或我上门提货时才结算，他们给了我们继续经营的机会。同时我们也会回馈街坊，一般比较困难的街坊，我都可以帮他们记账，就是不用每次买东西时马上付款，等他们发工资时才和我们结算。婆婆（指附近那家士多店主）的士多便没有这个服务，她们家门前贴了大大的一个告示，写着"赊借免问"，可能是以前有过不好的经历吧。

士多的利润很微薄，就算我丈夫每天到外面打工，加上士多的收入，还是不够一家人开支。例如在 1988 年、1989 年的时候，因为有五个小朋友，我一次交学费便要超过一万元，所以我还会拿一些手工回家做。如果只靠经营士多，是不能维持生活的。

—

梁月珍与访谈员合影

到工厂当女工

1986 年的时候，我丈夫申请了他的母亲——我的奶奶（澳门当地对婆婆的习惯称呼），当时也有七十多岁了——过来澳门探望我们。因为有她帮忙带小孩和看铺，我便到工厂当女工。虽然每天只上半天班，但每到下午四五时还是会很不安心，因为记挂着下课回家的子女。

我奶奶是会写字的，她还帮我做了一个价目表，她真的很厉害，货物分门别类，每样多少钱都写好在那个"牌"上。奶奶在澳门住了两年便回老家了，因为没办到居住证，而且当时我丈夫的哥哥刚生了小孩，老人家想着回老家看孙子，便回老家去了。

——
梁月珍

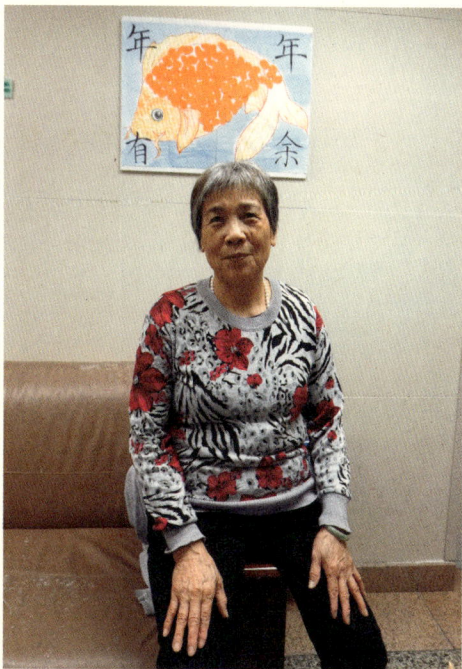

邻里间的关系很融洽

菜园很小，前前后后才三四十间木屋，就像一条村似的，邻里间的关系很融洽。曾经有一个小朋友到我的店里买一支"多多"，就是益力多，当时才几毛钱一支，那天我女儿在店里帮忙，她收了他一百元，给那个小孩一支益力多，那小孩便开开心心地回家了。我知道后一边跑一边找他，直至找到他再亲手把零钱找回给他妈妈，我才安心，生怕多收了人家的钱。现在小朋友都长大了，我还记得这件事，每次想起来都觉得很好笑。

还有一次，隔壁有一个小孩，才一岁多，他当时被滚水烫伤了，他的妈妈马上过来大叫"士多师奶，给我几斤盐"。我就马上给她几斤盐让她带回家，她再加些冷开水给小朋友浸着受伤的手。我不会计较说你先付款我才可以给你，就是二话不说马上给她。

除了菜园的街坊，士多也有一些外来的客人。当时菜园在海边，属于澳门的边境地带，有警察驻守。曾经有一个下雨天，有一个警察来我店里要买公仔面，还让我帮他煮。天啊！那天我家的柴全都湿透了，怎么也点不着火，我不停用报纸点火，但煮了很久公仔面也没煮好。但是警察先生很有耐性，一直在那里等，我不停地和他道歉，觉得非常不好意思，紧张得不知如何是好。

菜园的夏天夜里很热，虽然门前的小路很窄，但家家户户还是会坐在木屋的门前聊天、乘凉，窄路常常被挤得水泄不通。因为靠近边境，有时也会有一些不速之客冲进来，就是非法入境者。街坊每次知道有非法入境者跑进菜园，便会互通消息，大家急急忙忙地跑回家去。因为入境者他们是在逃命，跑得很快，横冲直撞的，大家都怕给他们撞到会受伤。还好他们不会冲进士多，没有造成更大的损失。反而有一次是警察进来了，而且还上到楼上来查身份证，可能是来找那些非法入境者。那天他们来得很早，我奶奶还在床上睡觉，她把头探出来，看着警察。因为她七十多岁了，头发全白了，警察对她说："婆婆你不用出来了。"我们当时很害怕，因为我奶奶是没有身份证的。很怕他们会把她捉走，真的很惊险。

其实在菜园经营士多的那几年，经济上没有很大的得益，只是保证了我有一份工作，同时又可以在家照顾小孩，而且方便了街坊。他们不用走很远出去菜园外面买一支啤酒或一支汽水，例如煮饭时才发现没有豉油，可以马上来我的店里买，方便很多。

每天一大早，菜园里便很热闹，家家户户都会到菜地里收割一些蔬菜到市场里摆卖。小朋友又跑来跑去，好像以前在家乡一样，大家也很和气，邻里间没有吵闹。有时他们家有好吃的，也会拿到我家和我的小朋友分享，大家相处很和睦。

有一次，我最小的女儿走失了，当时真的很害怕，一家人急得团团转，到处去找，后来才发现她在隔壁和一个小男孩在玩洋娃娃。

菜园里大家都很团结，街坊间会互通消息，哪里的猪肉比较平价，哪里有外快可以赚，都会来找我："你去吗，士多师奶？"（我们常）一起做兼职，赚外快。直到现在街坊碰面时还是会很亲切地打招呼，互相问候一下近况。

士多的头号大事

夏天是士多的旺季，冰冻饮品是我的士多主要的收入来源，所以保持饮品冰冻便是我们士多的头号大事。我丈夫虽然不常在店里帮忙，但他是很有头脑的，每到夏天他便会买几十斤雪（指冰块）回来，用一个大桶，先把啤酒、汽水放入大桶，再往上面放雪。先卖雪柜（指冰柜）里的，差不多卖完再从大桶中取出啤酒、汽水来放入雪柜，这样就可以保证雪柜的啤酒、汽水都是冰冻（即冰镇）的。街坊下班便会来买冰冻的饮料，回家饮用时还是冰冻的，如果在菜园外买，回到这里便已经"热"了，而且又重。

但是到了冬天店里生意便会很冷清，曾经有饮品在雪柜里放太长时间，冻得太冷，甚至爆开。在冬天，士多的收入就只靠菜园里的小孩来买些零食一类的，收入非常微薄。所以我也会到工厂领些手工回家做，或者到外面做些散工帮补家计，例如，周末到附近的酒楼里卖点心。

离开菜园

1990 年政府和建筑商到菜园收地，把我的木屋也收回去了。因为当时政府说，所有土地和房屋都是属于政府的，我们也没有能力抗拒。

虽然我把木屋买回来时用了四万二千元，但政府只补偿我们一万四千元，当时租一个一房一厅的单位，也要一千四百元一个月。还好政府给了我们一个经济房屋单位的配额（当时的经济房屋不是每个人都有资格买的），而且还给我们一个很优惠的价钱。当时我们的单位在市场上要四十万，我们只需要十四万就可以买到。可是，政府补偿给我们的钱只够支付十个月的租金，幸好十个月后，赔偿金用完时，我们的新屋刚好可以入伙（即入住），我们一家人便搬进去了。

当时搬家时没有想到去保留一些东西，只是为了生活，就连照片也没保留一张，可惜！我也有想过迁往其他地方重开士多，但我丈夫不同意。我胆子也很大，当时一个铺位要三十几万，我打算一家人住楼上，在楼下继续经营士多。但我丈夫不同意，怕对小朋友的健康有影响；而且也不舍得放弃经济房屋的配额，因为如果买了铺位，便没钱买经济房屋了，所以最后也放弃了。

我离开菜园后便再没有工作了，因为要照顾小朋友，加上当时身体也不好，1990 年后便没有再工作了。

在菜园的日子，我觉得最幸运的一件事，就是我们身体都很健康，没得过什么大病。因为我们虽然来了澳门很长时间，但是很多地方也都不知道在哪里，坐哪一架巴士可以到达。就连怎样去医院也不知道！不过，一家人平平安安，五个儿女也长大了，现在都有了自己的事业、家庭，我非常感恩。现在回想起来，那段日子虽然艰苦，但真的是很开心的。

缘尽情未了

刘华光　口述

邓子峰　整理

▼　刘华光，1952 年出生，广东梅州人，果栏街
利丰便利店店主

"看着今天的利丰便利店，里面数不胜数的货品
都记录着我们那些年的回忆。店面的上下左右各
方都被各式各样的澳门城市旧物包围，其中包括
各种已消失的火柴盒包装纸、鞭炮包装纸、月饼
包装纸、旧报纸、旧海报、旧地图、明信片、戏票、
当票等。"

盛行于二十世纪中晚期的士多

　　四百多年来，澳门一直是西方文明进入中国的窗口。自鸦片战争后，虽与博彩业结成命运共同体，但是小城的纯朴气质并没有因金钱的往来而被冲淡，传统的村镇特色仍然能够得到有效的维持，使得澳门的多元文化不仅表现在有形的城市肌理和建筑遗产上，也体现在无形的社会形态中，各种宗教文化、多元的族群、多样的建筑风貌、不同的饮食习俗、各异的艺术风情得以和中华文化和谐地汇聚融合。时至今天，古老和现代的元素共同塑造了如画的小城风光。一方面，人们可以沿着狭窄蜿蜒的大街小巷细细品味葡式风格与中华文化共生的建筑群，感受独特的地方文化和风土人情；另一方面，极尽华丽的博彩娱乐场所和世界一流的综合度假村也为小城添加了繁华的一面。因此，从翻天覆地的新建筑到含蓄优雅的小街角，共同塑造了澳门这个缤纷多彩的双面城。

　　士多，是贩卖各式零食、饮料、家居用品的小型杂货店，盛行于二十世纪中晚期，曾遍布粤港澳城市中的大街小巷，是澳门人生活不可或缺的一部分。当年的士多，主要是满足小区居民的日常所需，为他们提供各种便民服务。此外，店主与熟客街坊之间更是形成了深厚的友谊，上至天文下至生活琐事，无所不谈。可以说，麻雀虽小、五脏俱全的士多是邻里感情的交流平台，是纯朴城镇风貌的浓缩体现。

属于你我他的利丰便利店

　　利丰便利店，位于果栏街 38 号 A 地下。与人流如鲫的大三巴街相比，一街之隔的关前街、果栏街、草堆街就像一个沉睡的老人，把那些有故事的老店一并封存起来。利丰便利店，不同于我们脑海中的士多印象，它是一家汇聚邻里记忆的小士多。在面积不大的店面里，虽然没有大型超市的多样选择，也没有连锁便利店的明亮装潢，相反只有昏黄的灯光、狭窄的过道、满满的层架，但是利丰便利店却是一条联系着澳门街中你我他的情感纽带。

　　每个人、每件事，都有属于自己的故事。利丰便利店除了满载着果栏街的街坊情怀外，还将昔日小城的集体回忆重现在店里的每个角落，使得一件件铺满灰尘的记忆碎片能够重新拼合起来，诉说着那个时代的风采故事。

—
刘华光在店内

少小离家寻机会

我叫刘华光，1952 年出生于广东梅州。二十多岁的时候，我在梅州娶了妻子，生了儿子，但心里一直希望到外面寻找机会，让家人过上更美好的生活。当时，听说澳门会比内地有更多的工作机会，而且收入也相对较高，因此，我曾经多次尝试申请来澳，但一直都杳无音讯。直至 1979 年，那时候突然实施大开放政策，我亦因而获得批准来到澳门。

七八十年代的澳门，是一个充满机遇与挑战的城市。当时只要肯努力、肯付出、肯拼搏，必定能够找到安身立命的地方。作为一个新澳门人，经过积极学习后，我很快便学会了广东话，渐渐适应了城市生活。还记得刚来澳门的时候，我是在卖草地街的裕兴隆米铺工作，天天骑着自行车送货，每月赚到四百元工钱，一年后加薪一百元。但是，这微薄的工资仅能解决我的日常生活所需而已。

与妻儿分居两地四年后，我们终于在 1983 年团聚。家人来澳后，我们跟另外两户人家合租了一套三房一厅的房子。一年后，其中一户人家不再租下去，另一户人家又选择退租，我自己也没有本事再租下去，所以就选择离开了。当时，恰好看到报纸上有一则士多（富昌商店）的顶让（出让）消息，只需要一万多元，便可以把整盘士多生意接管过来。由于米铺的工资不多，要是只有我一人工作的话，是很难养活整个家庭的；同时，家里的孩子还小，妻子又不能出去工作。因此，如果可以经营自给自足的士多生意，那么照顾孩子和赚钱养家的任务就可以两不耽误了。经过审慎考虑后，我们决定把这家士多接管过来。

初尝创业滋味

　　1984 年，我们正式接手富昌商店。富昌位于镜湖马路 52 号，面向消防局大楼，是一幢典型的前铺后居建筑物，估计是在六七十年代落成开业的。这间铺子面积很小，门口很窄，内部分为两部分，前半部分是士多店面，后半部分是原老板媳妇所经营的小型制衣厂。记得刚接手时，前半部分的租金是每月八百元，一段时间后，那家山寨制衣厂结束了，所以我便多加四百元租金，把整幢建筑物一并租下来；后来业主一直加租，最高时达一千七百元。回想起来，

—

富昌商店旧址

当年的新桥区真是很平静，没什么夜市，不像现在一天到晚都车水马龙，所以我就看准这个商机，宁愿自己辛苦一点，把士多的营业时间延长至凌晨，成为区内为数不多的晚间士多，成功吸引不少客人特地过来买夜宵。一直到九十年代，业主要把整幢建筑物收回重建，富昌商店才随之结束。

重现家祖字号

后来，我在同区看上了另一家铺子，位于贾伯乐提督街 86 号 A 地下，即今天的南洋小食旁。当时考虑到价钱挺合适的，于是就把铺子买了下来，继续经营士多生意，名叫泰利便利店。泰利，是家祖在内地开设的一家字号，所以

—

泰利便利店旧址

我亦跟随使用这个名字，作为首家由我所创立的士多的名称。但是，由于泰利便利店是面向药王禅院，而我不是很喜欢这样的氛围，所以士多在开业一年后，适逢有买家提出适合的价钱，我就把这间铺子卖掉，在果栏街又开设了另一家士多。

投入半生心血

1992 年，位于果栏街 38 号 A 地下的利丰便利店正式开业。利丰，是按照上盖大厦的名字——利丰大厦来取名的。至于为什么叫便利店呢？与士多、商店这些名字相比，便利店是当时最时尚的名称，所以我亦希望新店能够紧跟潮流趋向，从而吸引更多年轻客人光顾。

—
刘华光及其妻子的日常

—
利丰便利店一角

　　时至今天，我们两夫妻已经与利丰便利店携手走过二十五个年头，虽然谈不上什么成功人士，但是我们两夫妻坚信只有勤力、节俭才能熬出今天的成绩。二十多年来，我们没有固定假期，每天坚持早上十点开门，开门后妻子便外出买菜，然后回家做饭。她吃了午饭后，就轮到我回家吃，吃饭后，下午再回来看铺；有空的话就在周围逛逛，看看有没有适合的怀旧货品可以收购，然后一直到晚上七点关门。

　　看着今天的利丰便利店，里面数不胜数的货品都记录着我们那些年的回忆。店面的上下左右各方都被各式各样的澳门城市旧物包围，其中包括各种已消失的火柴盒包装纸、鞭炮包装纸、月饼包装纸、旧报纸、旧海报、旧地图、明信片、戏票、当票等。这里的每件旧物都反映着澳门某个时期的城市发展情况，也诉说着一个个被岁月尘封的故事。

　　除了这些时代旧物，利丰还保留着不少传统士多的痕迹：门口进来首先是饮品柜，对面是雪糕柜；走进一点是烟柜，收银台前方就是小孩子喜欢的一些糖果、鱼丝、鱼片、妈咪面之类的零食；再进去就是其他古玩、旧书等。随着货品的数量日趋增多，我已经数不清店里有多少件商品，也没办法把它们好好分类，新进的食品饮料也只能随处摆放。因此，只能待识货之人来利丰慢慢"瓺窿瓺罅"（粤方言，指无处不到，连最细微的地方也不放过）地淘宝了。

一
昔日的火柴盒包装纸

— 昔日的鞭炮包装纸

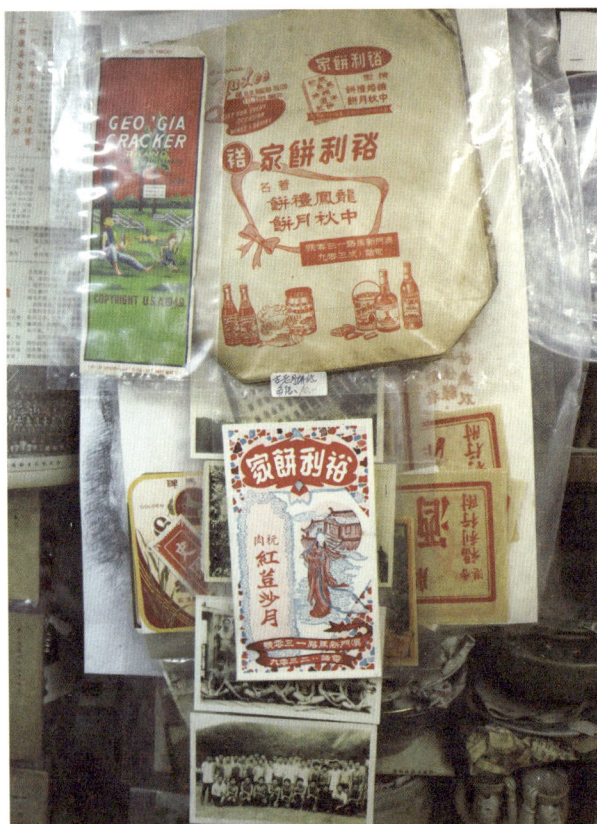

— 昔日的月饼包装纸

—
昔日的《澳门工人》报

—
昔日的澳门地图

—
昔日的清平戏院戏票

—
昔日的德生按当票

一
昔日的玩具

今天的澳门，已经从昔日的渔村小镇，一跃成为世界旅游休闲中心之一。至于潜藏旧区的利丰便利店，只能默默地适应着城市的高速发展，期盼在繁华都市中谋求一丁点的生存空间。回想起来，我们起初是卖柴米油盐、方便面、零食、汽水等日用品。后来，在这条街经营的时间长了，我也慢慢地被街区中的怀旧氛围所感染，渐渐产生了地方文化认同，因而导致利丰便利店从昔日的传统杂货店转型为今天的怀旧士多店。

在我三十多年的士多经营生涯中，全盛时期是在九十年代，当时一天到晚都是做个不停的。尤其是下午放学的时候，店里窄窄的走道有大半个小时都是站满人的，附近圣玫瑰学校、利玛窦中学（圣洁中学）、教业中学、同善堂中

学的学生们都很喜欢前来利丰便利店"打趸"（指经常到某处与他人聊天），
经常与我"鸡啄唔断"（形容人一直在说话或聊天），分享校园生活中的所见
所闻。在受到小孩子喜爱的同时，我亦见证着一批又一批的小孩子长大成人。
时至今天，他们偶尔还会过来光顾我，顺便交流一下彼此的近况，聊聊小时候
喜欢买些什么，所以很多从小就开始光顾利丰的孩子，现在都跟我成为知心好
友了。我想，也许因为我的性格比较孩子气，很多小孩子都跟我没有代沟，这
也使得我们利丰便利店能够在澳门芸芸士多中突围而出。

—

汽水柜

雪糕柜

收银台前的零食

潜能有待激活的旧区老店

回想九十年代的关前街，每天下午都是人山人海，那时候的繁华程度真的可以跟今天的大三巴、新马路来媲美。当时，整条街都是地摊小贩，就像今天的新桥天光墟一样，是一个极具市井气息的特色市集。加上临近澳门回归，那些准备回国的葡萄牙人，亦会经常过来关前街买点中国特色的纪念品。

踏入千禧年，地摊小贩被政府以维持卫生秩序为由全面取缔，整个关前街、果栏街、草堆街街区就开始一蹶不振，与一街之隔的大三巴街形成强烈对比。因此，特区政府近年都经常强调要活化旧区，将大三巴的游客分流至关前街一

——

店内的其他旧物

—
店里的其他旧物

带。但是，从旧区中小企业的角度来看，成效真的一点也不显著。如果政府真的把工作落实到位的话，相信不用三个月就可以把整个街区活化起来。我曾经在讨论会上建议，由街坊会出面与政府交涉，允许重新在这条街摆设地摊，就像新桥天光墟那样对地摊进行登记、编排，管理起来，那么这条街便可以迅速回复昔日的繁华了。

漂泊流离的一对琮式瓶

谈到铺子里最有价值的东西，我想跟大家分享一个关于一对琮式瓶的小故事。我有一对琮式瓶，它们是大有来头的，是很多年以前，我跟一位香港女士收购回来的，而她的妈妈曾在澳门开设素食馆。

话说五十年代初期，有一群国民党军官在战败后带上家眷流落澳门。但是，那群军官的太太终日在澳门担惊受怕，希望尽早离开，而船期方面又一直没有安排下来。于是，太太们便发誓长年吃素，以换取老天保佑。她们走遍澳门各大素食馆，都觉得不太合胃口。后来，她们发现连胜马路那边有一家很简陋的素食馆，觉得味道很合适。自此以后，她们每天都在那里吃素，后来吃着吃着，便发觉这家素食馆实在太简陋了，配不起她们那么尊贵的身份。于是，她们跟老板娘商量，把她们家里的一些高级陶瓷拿过来素食馆摆设，用以营造高档的氛围。一两个月后，太太们突然在晚上接到通知有船带她们离开。于是她们匆匆离去，而那些陶瓷也没空去收回。太太们离开了以后，那家素食馆也随之没什么生意了，一个月不到就关门了。由于那些陶瓷一直没人领回，老板娘就把它们打包拿回家。

后来，老板娘过世了，她的女儿也嫁去香港，东西就放在亲戚家里。在亲戚家里放了二三十年后，女儿的丈夫表示对这批陶瓷很有兴趣，但是他中了风，没办法过来领回，然后问澳门的亲戚要不要，亲戚又说不要。于是，那个澳门亲戚就找人过来，收购了这批陶瓷。当时，他们找的第一个人不是我，而是隔壁那个专门做收藏生意的老板，但是他当时已经过世了。后来，那个人来问我，说隔壁那个老板为什么没开门。我说他们两夫妻都过世了，怎么开门啊。我问

一
刘华光收藏的一对琮式瓶

他，有什么卖啊？他说他老表有一批缸瓦想卖，我说我也收购缸瓦的。后来，我就打电话给他，第二天早上他回电给我，到下午我就花了几千元把整批东西买回来。回来打开一看，里面有一对琮式瓶，底款写着"正德年制"，是皇帝用来祭天用的，祭完天以后就赐给了有功的大臣。

还记得数年前，我曾经拿这对琮式瓶去艺术博物馆展览。当时，有一位来自北京的历史系教授，他看完整个展览后表示，整个厅就只有一件好东西，而他说的好东西就是指我的那对琮式瓶。因为（皇帝对）有功的大臣一般是赏赐一个的，而这对琮式瓶的主人被赏赐了一对，这是非常难得的。

缘尽情未了——利丰、泰利、富昌

富昌、泰利、利丰，这是我们两夫妻花了三十三年光阴岁月所换来的三家士多。虽然赚的钱真的不多，但是贡献大了，它们把我的三个儿子养大成人。现在他们三个都出来工作了，看着他们三个一步一个脚印地过着安稳的生活，我们俩已经心满意足。我们不奢求他们把利丰传承下夫，只要他们的生活安稳、幸福，我们辛苦经营三家士多的心血也就没有白费了。

目前，传统士多正逐渐被超市、便利店等一站式购物点所代替；未来，士多行业终归是会顺应当今消费趋势，自然而然地被现代社会所淘汰的。我——刘华光，今年已经六十五岁，当我有一天真的退下来的时候，利丰便利店也会随之光荣结业了。

一同携手走过

王健强 口述

叶志坚 整理

▼ 王健强，街坊都叫他"亚强"或"米佬"，
惠爱街强辉士多店主

"中国人的传统思想是创家立业，世代相传。随
着时代转变，传统的思想也在变化，传承与责任
已变得轻淡，哪怕再固执与坚持，你都要放下。
我觉得，只有夫妻和谐相处之道，是历久不衰的。"

两夫妻打拼

我叫王健强，街坊都叫我"亚强"或"米佬"，因为我曾在米铺打工，后来，自己亦开设米铺士多。二十世纪八十年代，澳门经济尚未起飞，人们大多处于低学历、低经济收入的状态，因此，一般均需比发达地区的人们付出更多，才能将环境改善。在数以千计的平民阶层当中，活跃着我们两夫妻的身影。

刚出来工作时，由于文化水平不高，我们只能在一些店铺中以劳力来维持生计。及后储蓄到一笔资金，于是就购买铺位自设了这间士多。经过多年的辛勤努力，遇到过大大小小的困难，我俩都携手解决，渡过重重难关。现在，孩子们长大了，却不愿意接手，我们一手开创的事业将后继无人。回首过去，百般滋味在心头。

白手兴家

这里就是我们位于澳门惠爱街108号地下的强辉士多，只有简陋的门面，就像传统的家庭式士多。

我最初出来社会工作时，在一间米铺当送货工人。其间，努力学习米铺的营运，并且节衣缩食，终于储到首期付款，在惠爱街买下现铺。为什么买在这里？原因是在八十年代，惠爱街仍是内街陋巷，铺位价格相对便宜。有了铺位，我再运用在米铺打工时学到的营商技巧，就以上居下铺方式，开设了这间米铺士多。

分工合作

　　虽然开设了米铺士多，但是在营运初期，主要由我太太负责经营，而我在日间还是做电召的士司机，因为希望快些完结铺位的供款。我拣选电召的士司机这一职业，是因为它的工作时间及方式比较自由，每当士多要送货时，我便可以暂停的士营业，回到士多协助送货，之后又可以驾驶的士，继续接客。

　　到了2003年"非典"时期，我们士多的营业额直线下跌。为了兼顾家庭开支和铺位供款，不仅我太太要在士多看铺，我亦要夜晚继续做电召的士司机，才能支持每月开支。

　　"非典"过后，我明白到单靠士多的收入是不稳妥的，于是我继续担任两更共十二小时的电召的士司机工作，祈望能使家庭收入更多。不过，这样便辛苦了太太，她既要看顾士多，又要照顾孩子，甚至要背着孩子，推着手推车，

—
王健强在店内受访

把汽水、啤酒送到附近的工厂给客人。因为街坊邻里就是士多最大的本钱，即使只赚取一分几毫，亦要为街坊服务。

适者生存

开设士多初期，货品琳琅满目，柴米油盐、罐头、饮品等皆有，街坊亦是主要客户。随着士多附近开设多间大型超级市场及二十四小时便利店，我们的士多货品销量每况愈下，迫使我们改变营运策略。于是我们将罐头食品等货类渐渐撤下，转而售卖各种罐装汽水和樽装矿泉水，当然，米粮仍是士多的主要货品。

积谷防饥的传统

其后，得到前老板及父亲的帮忙，我们终于把供店铺的余款清还了。同时，我们的孩子们亦逐渐长大，出社会做事，因此，我也停止了当电召的士司机的工作。虽然如此，积谷防饥的道理我是知道的，所以，在傍晚时分，我会到码头当货车司机，工作时间比当电召的士司机短，收入也较少，不过也算是一份额外的收入。

下铺上居的安乐窝

小小铺位，留下了一家大小的生活痕迹，我们的小孩在这里成长，这里亦是我白手兴家的佐证。曾经有一段时间，地产市道（指销售市场的经营状况）畅旺，一位任职地产公司的同乡向我表示，你的子女已长大出来工作，你还做什么呢！趁着市道好，士多铺位可以卖得一个好价钱。

—
王健强与访谈员在店内合影

　　本来我亦有点心动，当我和太太商量后，在晚上回家再把想卖铺的事告知子女时，子女们全都反对，就算别人开出更高的价钱，他们都表示不会把士多卖掉，原因是士多有他们童年的回忆，也有我们做父母的艰苦创业的岁月痕迹，就算他日我们两老退休，他们还是坚持不会把铺位卖掉。

后继无人

　　我们都很清楚，客人，特别是长期光顾的熟客，是士多的主要收入来源，因此要善待每一位来士多光顾的客人。

　　记得有一次，因天下雨，我驾驶电单车时发生交通意外，右肋断了两条肋骨。在复原期间，刚巧有一名熟客订购一包五十公斤的米，为了不失去熟客，

—
王健强在搬运货物

我咬紧牙关坚持，忍受着痛楚，把米送到客人家中。

这就是我们的经营之道。现在的青年人，没有我们那个年代的人那么刻苦，他们往往追求的是舒适的工作环境，收入高的工作，经不起艰苦的磨炼。所以现在像我们这样的传统家庭式士多已经不多了。连我的孩子们亦都表示，不愿接手继续经营士多。

他日我们两老退休，就把士多结业，但铺位是坚持不会出售的，这是岁月回忆的根源。

—
王健强准备去送货

强辉士多店内

我们夫妻凭着双手，创立了这一间家庭式士多，把四名子女养育成人。可惜，辛苦创立的基业，由于子女们不愿接手，士多只经历一代的光阴，便将黯然结束。虽然有点不舍得，但也只好接受，不同年代的人始终有不同的人生观，不能将自己的想法强加于他人身上。

结语

曾经兴旺过数十年的传统家庭式士多，现在生存空间越来越狭窄，可能在不久的将来，这种家庭式士多会被时代巨轮吞噬。

中国人的传统思想是创家立业，世代相传。随着时代转变，传统的思想也在变化，传承与责任已变得轻淡，哪怕再固执与坚持，你都要放下。我觉得，只有夫妻和谐相处之道，是历久不衰的。

我和太太携手努力，历尽艰辛，营造了一个温馨家庭，创造了一份小规模的基业——强辉士多。走过大半生，温馨家庭继续扩大，子子孙孙，一代接一代；唯独这份艰苦创立的基业，当我俩年老力竭时可能会走向结束。

毕竟，在时代的变迁、大企业的冲击下，我等小本经营的家庭式士多，只是在挣扎求存。这是无奈，与其一定要下一代辛苦承接，最好的处理方法，还是"放下"啊。

「姑娘街」的姑娘

陈爱碧　口述
冯紫云　整理

▼　陈爱碧，1963 年出生，姑娘街健宁士多店主

"姑娘街"，凡是土生土长的澳门人，一定不会
不知道这条街。"姑娘街"全名为"爹利仙拿姑
娘街"，生活在这街区的多是澳门的老居民、老
街坊。这里有着一代人的生活、一代人的故事、
一代人的情感。

士多前身

　　我叫陈爱碧，是土生土长的澳门人，在澳门出生，在"姑娘街"成长。在未经营士多之前，父母是在"姑娘街"经营制衣厂，直至 1980 年左右结业。健宁士多的位置前身正是制衣厂一个放布的仓库。

　　现在仍然可以见到昔日制衣厂的物件，例如：这张堆满杂物的白色桌子，是以前制衣厂时期的收发台。在制衣厂时期有些工作是会外发的，而收发工序就在此桌子上进行。当士多开业后，我的母亲不舍得丢弃它，觉得十分有历史

—

旧时制衣厂的收发台

—
米桶架

价值，刚好桌子当时也是放在现在见到的这个位置，便顺理成章放在这里。士多（经营）至今（已有）三十五年，这张桌子已超过三十五年了。我记得我弟弟小时候，时常躲在这张桌子下玩捉迷藏，在桌子里面还写有"1978年"字样，现在杂物多，已很难找到了。此外，士多里还有个特别的米桶，是以前经营制衣厂时，放置在缝纫机前面，用来盛放已缝纫完成的衣服的，父亲想到可以用来放米，就把它改造成一格一格的并把它的脚垫高，十分环保，到现在米桶的历史也超过三十五年了。制衣厂有许多东西当时父母都舍不得扔掉，（他们会）将一些物件改造再利用，所以在士多里我时常想起一些往日在制衣厂的生活片段。

前铺后居见证变迁

当初父母为什么选择转行经营士多？一来，物业自置，铺位是父母的，士多在当时最容易取得牌照，有了牌照，只要打开门就可以做生意；二来，朋辈影响，父亲的朋友，很多都是经营士多的。

健宁士多在1982年6月开业。开业时，我已开始在士多帮忙，不知不觉就是三十多年。开业到现在，士多位置都没有改变，甚至装潢以及其他东西都没有特别改变，保持着士多的一贯风格。二十世纪很多士多都是前铺后居，家族经营，加上每天的营业时间都较长，工作与住宅在同一位置较为方便，可以

—

店内一角

说这是那个时代的特色。八十年代及九十年代，健宁士多卖的商品类型很多，形式类似今日的超级市场。随着时间推移，商品类型逐渐减少，一般以香烟、饮品、小朋友的零食三种类型为主，同时因为有客源，所以仍然继续售卖米及部分日常家庭用品。以街坊生意为主，亦有些其他客户群，每一年都有所不同。二十世纪八十年代的客户主要是劳工，多来自福建等地，到了九十年代多来自菲律宾，到现在二十一世纪是越南的劳工居多。二十世纪八十年代到九十年代，学生群来光顾得最多，但到了二十一世纪就开始少了，因为多了便利店、饮品店的加入。

澳门士多全盛时期，我相信是二十世纪八十年代及九十年代，之后士多的数目开始逐年递减，士多行业式微，年轻一代多是不会接管经营士多的。

小区往事 士多姻缘

记得"非典"及"盲抢盐"是令人记忆很深刻的小区事件。当时许多商人提高了盐的价格，我们却没有提高而只限买。街坊一来便要十包二十包盐，因为全是街坊生意，为了每位街坊都能够买到，每人限买两包。记得还有一次是抢"醋"，街坊亦买得十分疯狂。

往日刮台风的日子，罐头是"台风三宝"。所谓"三宝"，即午餐肉、回锅肉和红烧猪肉，士多有多少存货便能卖多少；但在近几年，罐头似乎开始式微。

士多前地，同样变化很大。当初经营士多的时候，街道没有多少车辆，我们会放些桌子在外面让人喝啤酒、食花生。当时是八十年代，正是工厂时代，

—

陈爱碧在店内受访

人们下班及午休时也会过来谈天，吃东西，人越聚越多，最高峰有十多二十人，好像俱乐部。这里甚至是很多爱喝啤酒的朋友每天下班的聚会地，大家因此很相熟。有段时间澳门工厂没有工作，他们去了台湾工作，回到澳门后，马上来我们士多见见面，聊聊天。而最难忘的是，在当时的一群人中，我认识了我先生。

这个空地亦是我的儿女童年时代成长的重要地方，他们十分怀念。昔日很多小朋友同样在外面玩耍，踢足球、打羽毛球、跳绳、踩单车等。就像一个小社区，大家可以做喜欢的事情。

旧物情怀

　　我喜欢和年轻一代分享旧物，让他们了解昔日居民的生活点滴。例如，门口吊挂的是火水炉（即煤油炉）的棉芯，因为当初我们卖火水，散装及桶装都有。现今和年轻人谈及什么是火水炉，他们都不知道，连棉芯都不认识。所以我一直保存着。

　　此外还有这个用了两年多的水柜，虽然不是以前的水柜，第一个及第二个水柜各用了十多年，而水柜行业已经式微不再制造，因此价格要一万多元，十

一
水柜

—
老挂钟

—
旧风扇

分昂贵。相对而言，干柜只要几千元。因为水柜冰冻的是汽水、啤酒，各方面的温度要足够，以前的人会坐在外面喝啤酒，一晚会喝十多支，依靠水柜的温度冰冻足够了。看到水柜就使我想起，上一代的人们一下班便马上来士多喝冰冻汽水或啤酒，以消除一天工作的烦恼及疲劳的情景。

士多的挂钟也有历史，是开业时装修师傅为表示祝贺送的，足足三十五年没有坏，很耐用及实用，而且非常准时。

樽装汽水

最具特色的是樽装汽水（即瓶装汽水），我一直坚持贩卖。讲到樽装汽水，经营士多之初是最畅销的，曾经一星期内贩卖出十五盘，当年来说是非常好的

—
水柜里的樽装汽水

销量。八十年代的樽装汽水是最畅销的，附近数条街的制衣厂，到了下午三时十五分，很多人来士多买汽水。而当时的牌子是可口可乐、亚洲沙示、亚洲白宁、亚洲橙汁、百事、绿宝及维他奶。至于现在的樽装汽水，只有可乐、雪碧、玉泉忌廉、提子汁、橙汁及维他奶。

家庭模式　全年无休

从父母经营到传至我这代，士多一直是全年不休息。早上，母亲喝完早茶就到士多开门，我就稍后再到士多，直至晚上八时结束营业，没有特定模式，

—

陈爱碧女士及其父母与访谈员合影

只是家庭式经营。开业多年，大家已知道由早到晚什么时候货运到，就会收货。当需要处理事情或外出旅游时，就请其他兄弟姊妹来帮忙，只有在特别日子一家人要外出用餐才早一两小时关店而已。街坊们多年习惯了士多常开，若关了店反感奇怪，而联想有什么事情发生。

以前经营士多主要是养活家庭，现在我觉得主要是消磨时间，士多成了家族聚集点及街坊闲谈的好地方。

"姑娘街"有我的很多故事，生活在这个街区的我，有很多澳门情、街坊情、家族情，联结上一代的生活、我这代的经历、下一代的故事。

守护三代家业，感悟人情温暖

何锡富　口述

陈榕儿　整理

▼ 何锡富，1987 年出生，路环安记鲜果士多店主

"中国有句老话叫'子承父业'，套用在我们家士多上最好不过。祖父把安记传给爸爸，爸爸再将安记交给我，我们三代人，皆和安记结下了不解之缘。"

说起士多

士多是一个音译外来语，源自英语中的"store"，即小型杂货店的意思。士多售卖的东西以家庭日常用品为主，顾客一般为附近居民。二十世纪初，士多于港澳地区盛行，大街小巷均可见其踪影，是不少人的童年回忆；随着时代变迁，产业趋向多元，加上连锁超市的进驻，士多逐渐消失，成为时代巨轮下的牺牲品，令人慨叹。

—
何锡富在店内

一

何锡富及父亲与访谈员在店内合影

　　值得庆幸的是，澳门现时仍有一批士多经营者，他们默默耕耘，守护着这份硕果仅存的士多情谊。有别于现今大型连锁超级市场，士多大多以家庭式经营模式为主，虽然货品种类较单一，却能给予顾客一种亲切感，别有一番情怀，这就是旧式士多的魅力所在。

—

安记士多店内

扎根路环六十载

安记鲜果士多由我祖父一手创立，时至今天，已有六十年历史。走过甲子年华，安记依然如昔日般屹立于路环这富有韵味的旧城区。多年来，我们店内的摆设风格没多大改变，只是二十多年前因租约期满而搬了一次店面，旧时的店面同样位处客商街，只是铺位靠后，后来我父亲存了一笔钱，把店面迁到现址（客商街头）。现址比以往显眼，人流较多。虽然我们的店名为"安记鲜果士多"，但其实店里并不是一开业就有卖水果，而是到我上小学的时候（即搬迁店面后），才开始增设水果零售。

很多人会问为什么祖父会选择在路环开一间士多，其实原因很简单，因为祖父是路环原居民，所以他选择在自己最熟悉的地方发展自己的事业；与此同时，亦可便利居民的生活。从前的交通没现在这般发达，路环比较偏远，人们大多在家附近买东西，士多的出现，正好满足了他们的生活需要。

开业至今，路环居民仍然是本店最大的顾客群，他们以购买食品、水果、生活用品为主。除此之外，一些在附近工作的人也会来买东西，如民政总署、澳门监狱的员工等；附近的餐馆与我们也有一定的联系，我们会为其提供送货服务。随着赌权开放、"自由行"政策的施行，路环多了游客到访，有时他们路过，也会光顾一下，大多买一些饮料。总括而言，安记的客户圈离不开路环这小小的地区。

子承父业

我从小就在安记长大，闲时会在店里帮忙，做小工；有时也会到附近的士

—

何锡富的父母和"波子"

多串门，士多老板的儿女与我年纪相若，我经常会找他们玩耍，童年时光就这样度过了。大学时期我外出求学，较少在店里；直到上年（2016年），我才正式接手安记，将全副心思都放在它身上。

现在店内主要由我和爸妈三人一同打理，另聘请了一位阿姨协助日常工作；而店内的"保安工作"则交由"波子"负责。"波子"是我养的一头松狮犬，胖胖的，很可爱。一般的士多常常会养一两只猫"看门"，我们店比较特别，养狗不养猫。

现时店内最畅销的商品是饮料和水果，我们将其放在店门口——最当眼的位置，人们经过就会看见。水果由香港直接进口，我们会挑选一些时令水果来销售，务求为客人提供新鲜、价钱相宜的水果；而饮料种类方面，我们会适时作出调整，例如本季有什么新款饮料，我们会及时进货；有些品种滞销，则会减少进货量，甚至是停售。

中国有句老话叫"子承父业"，套用在我们家士多上最好不过。祖父把安记传给爸爸，爸爸再将安记交给我，我们三代人，皆和安记结下了不解之缘。早年，祖父和爸爸用心打理店内事务，为安记积累了大量人脉关系。虽然人脉方面，我不及父辈丰富，但我一边做一边学习，祖父和爸爸的从商经验给予我很多启示，令我更容易接手店铺工作，熟悉管理流程。

迎难而上靠坚持

世间没有一帆风顺的事，变幻原是永恒。随着时代转变，澳门社会环境起了急遽变化，游客多了，赌场多了，澳门日渐繁盛，年轻一代大多不肯留在路环，他们认为在这里生活不方便，希望离开此地区。像我的儿时玩伴们，长大后均一一离开路环，以谋求更好的发展。

年轻人迁出，留在路环的都是年老一辈，人口逐渐减少，这就是我们面临的困难——客源缩减。另外，顾客的消费量亦见减少，特别是附近的居民。现今交通发达，很多人都拥有私家车，他们喜欢驾车外出，去超市购买日常用品、食品，一整车运回家，若有忘记购买的，才来这里补买，导致士多收入锐减。

客源和消费量影响商铺的营业额，对士多的营运造成直接冲击。所幸的是，路环现时仍未有大型超市进驻，安记仍能维持收支平衡，使我们有一丝喘息空间。路环大型的铺位不多，加上经营成本高，使超市却步，但我清楚小士多和大超市是没法竞争的。经营士多，苦处甚多。工时长，而且困身，难以抽空做其他事情，以我们店为例，早上八时营业，直到晚上九时才休息，一整天下来，实在辛苦。纵使如此，我们仍没放弃的打算，选择继续做下去，靠的就是"坚持"。

且行且珍惜

安记最具价值的东西不是店内任何值钱的东西，而是"人情味"。人情味，在这金钱挂帅的社会中，可能一文不值，但是它最能触动我的心。街坊经过，会互相道好；熟客光顾，谈谈天说说地，互问近况。他们忘记带钱包时，可以赊账，改天再付款。农历四月初八，众人齐聚路环，食盆菜，共庆谭公诞，其乐融融，这关系、这感情是金钱换不来的。

这一刻，安记是我人生的全部，我们一家人的生活，都离不开这间士多。虽然不清楚未来的路会是怎样，政府对路环地区的发展规划亦未明朗，但我会继续经营，把祖父留下的安记传承下去，直至有一天社会形势不允许为止。

结语

"理想很丰满，现实很骨感"，近年来，社会吹起复古风潮，挂上"复古"二字，东西马上身价十倍，怀旧风格的冰室、复古包装的柠檬茶，大受追捧。回望我身旁的士多，同是旧时代产物，可这股热潮并没有惠及其身，士多仿佛已被世人遗忘。租金上涨、人手短缺、大型超市的竞争、社会消费模式的转变等，一众士多的经营者面对这种种困难，还能支撑多久，没人知道……

附录：口述历史资料

受访者	出生年份	访谈日期	受访时年龄	访谈地点	访谈员	协调员
黄锦江	1931 年	2017.7.2	86 岁	澳门河边新街 221-223 号黄平记大厦地下黄平记粮食公司	杨婉芬	彭维谦吴璟昌
张玉芬	约 1934 年	2017.7.14	约 83 岁	澳门高园街 2B 号辉宝阁地下玉记士多	侯凯娜	李宇遽
陈福仁	1943 年	2017.7.12	74 岁	义字街 12 号 A沾记士多	李宇遽	侯凯娜
陈桂珍	1945 年	2017.7.6	72 岁	美副将大马路 4C号富美大厦地下富美乐士多	黎志伟	叶志坚
张子英	1947 年	2017.11.4	70 岁	英昌行	江鹏杰	**Suki Lai**
林仲芬	1948 年	2017.7.9	69 岁	澳门河边新街211号地下	吴璟昌	杨婉芬
梁月珍	1949 年	2017.7.2	68 岁	黑沙环明晖护养院	王君芙	李思毅
刘华光	1952 年	2017.7.12	65 岁	澳门果栏街 38 号A 地下	邓子峰	吴朗然

续表

受访者	出生年份	访谈日期	受访时年龄	访谈地点	访谈员	协调员
王健强	1953 年	2017.7.10	64 岁	澳门惠爱街 108 号地下强辉士多	叶志坚	李宇達
陈爱碧	1963 年	2017.7.7	54 岁	姑娘街 38 号地下健宁士多	冯紫云	侯凯娜
何锡富	1987 年	2017.7.25	30 岁	澳门路环客商街安记鲜果士多	陈榕儿	余家玮